72515548R00068

Made in the
USA
Middletown, DE